BEI GRIN MACHT SICH IHR
WISSEN BEZAHLT

Manuel Pohlmann

Interpretation des Gedichtes „Wer bin ich?" von Dietrich Bonhoeffer

Kirchlicher Widerstand im Nationalsozialismus

GRIN Verlag

Bibliografische Information der Deutschen Nationalbibliothek:

Die Deutsche Bibliothek verzeichnet diese Publikation in der Deutschen National-
bibliografie; detaillierte bibliografische Daten sind im Internet über http://dnb.d-
nb.de/ abrufbar.

Impressum:

Copyright © 2011 GRIN Verlag, Open Publishing GmbH
Druck und Bindung: Books on Demand GmbH, Norderstedt Germany
ISBN: 978-3-656-29733-8

Dieses Buch bei GRIN:

http://www.grin.com/de/e-book/198380/interpretation-des-gedichtes-wer-bin-ich-
von-dietrich-bonhoeffer

GRIN - Your knowledge has value

Der GRIN Verlag publiziert seit 1998 wissenschaftliche Arbeiten von Studenten, Hochschullehrern und anderen Akademikern als eBook und gedrucktes Buch. Die Verlagswebsite www.grin.com ist die ideale Plattform zur Veröffentlichung von Hausarbeiten, Abschlussarbeiten, wissenschaftlichen Aufsätzen, Dissertationen und Fachbüchern.

Besuchen Sie uns im Internet:

http://www.grin.com/

http://www.facebook.com/grincom

http://www.twitter.com/grin_com

Dietrich Bonhoeffer

ein Beispiel für den kirchlichen

Widerstand im Nationalsozialismus

Ausarbeitung

im Fach

Geschichte

an dem Gymnasium

Europaschule Lichtenbergschule Darmstadt

vorgelegt von

Manuel Pohlmann

Eingereicht am:	23.11.2011
Überarbeitete Version vom:	16.07.2013

Inhaltsverzeichnis

Einleitende Bemerkungen

Im untenstehenden Text erfolgt eine Interpretation des Gedichtes „Wer bin ich?"[1]. Da die Interpretation vor dem Hintergrund der Einordnung in die zeitgeschichtliche Epoche des kirchlichen Widerstands im Nationalsozialismus erfolgen muss, wird diesbezüglich im Folgenden zunächst kurz das Handeln der evangelischen und katholischen Kirche im Nationalsozialismus erläutert, um anschließend näher auf die Person Dietrich Bonhoeffer eingehen zu können.

---

[1] Das Gedicht ist im Anhang nachlesbar.

Inhaltsangabe des Gedichtes „Wer bin ich?" von Dietrich Bonhoeffer

Das Gedicht „Wer bin ich?" wurde von dem Widerstandskämpfer und Theologen Dietrich Bonhoeffer im Juni des Jahres 1944 verfasst. Es thematisiert die Wahrnehmung der eigenen Person sowie den Glauben an Gott vor dem Hintergrund des Nationalsozialismus und dem anschließenden 2. Weltkrieg. Zu Beginn charakterisieren außenstehende Personen das in einer Zelle eingesperrte lyrische Ich als selbstbewusst und warmherzig. Dann stellt es allerdings die Diskrepanz zwischen seinem äußerem Erscheinungsbild und seinen eigenen Gefühlen dar. Es fühlt sich innerlich leer und schlapp. Im weiteren Verlauf rätselt das lyrische Ich, ob es durch das Äußerliche[2] oder Innerliche[3] gekennzeichnet wird oder dieses sogar wechselt. Es findet keine Antwort darauf und schließt daraus, dass nur Gott es so kennt, wie es wirklich ist.

---

[2] Wahrnehmung durch Andere
[3] Eigene Wahrnehmung

Die Kirche im Nationalsozialismus

Als Adolf Hitler im Jahr 1933 an die Macht kam und infolgedessen die systematische Judenverfolgung ihren Lauf nahm, gab es darüber verschiedene Reaktionen der Kirchen. Die katholische Kirche lehnte bis 1933 den Nationalsozialismus vollkommen ab, wobei es nichtsdestotrotz keine mahnenden Worte bezüglich der Rassenlehre Hitlers gab. Im Jahr 1933 unterschrieb die katholische Kirche mit dem nationalsozialistischen Regime ein Abkommen über ihre Selbstständigkeit. Als Reaktion darauf, kam es zu vermehrten Lobessprüchen der katholischen Kirchenoberhäupter auf das Regime. Ab diesem Zeitpunkt wurde es für zum Nationalsozialismus kritisch eingestellte Katholiken fast unmöglich ihre Haltung offen auszusprechen. Die katholische Kirche versuchte während der Herrschaft Hitlers primär die eigene Struktur und die Mitglieder zu schützen. Somit kam es bei ihr im Gegensatz zur evangelischen Kirche kaum zu internen Konflikten.

In letztgenannter bildete sich die Oppositionsbewegung Bekennende Kirche (BK). Sie entstand als das NS-Regime versuchte direkten Einfluss auf innerkirchliche Angelegenheiten zu nehmen. Mithin war sie keine politische Opposition zum Nationalsozialismus und stellte auch nicht klar, dass Bekenntnistreue mit dem Dienst in der Schutzstaffel oder im Konzentrationslager unvereinbar seien.[4] Dementsprechend waren bekennende Christen teilweise auch aktive Mitglieder der NSDAP.[5, 6]

---

[4] Vgl. Hans Prolingheuer: Kleine politische Kirchengeschichte, Köln 1984, S.191
[5] Vgl. http://www.dhm.de/lemo/html/nazi/innenpolitik/kirchen/index.html, 16.Juli 2013
[6] Vgl. http://www.hausarbeiten.de/faecher/vorschau/106042.html, 16.Juli 2013

Die Person Dietrich Bonhoeffer

Als das vorliegende Gedicht entstand, war Dietrich Bonhoeffer in der Militärabteilung des Gefängnisses Berlin-Tegel inhaftiert. Er wurde beschuldigt einer Widerstandsgruppe anzugehören, die mehrmals versucht hatte Hitler zu ermorden. Des Hochverrates angeklagt saß der Autor in einer Einzelzelle und schrieb seine Gedanken nieder. Doch was war passiert?

Dietrich Bonhoeffer wurde am 4. Februar 1906 in Breslau als Sohn eines zur damaligen Zeit bekannten Psychiaters geboren. Er hatte zwei Brüder und eine Schwester mit denen er in Breslau und nach einem Umzug der Familie in Berlin aufwuchs. Der Tod eines Bruders im 1. Weltkrieg animierte ihn dazu, ein Theologiestudium in Tübingen zu beginnen.[7] Während seiner Studienzeit knüpfte er durch Auslandsaufenthalte viele internationale Kontakte, die ihm später noch helfen sollten. Früh war seine Familie gegen den aufkommenden Nationalsozialismus eingestellt. Vor den anstehenden Reichstagswahlen im Jahr 1932 warnte Bonhoeffer vor dem Nationalsozialismus und seinen Folgen für die ganze Welt. In den folgenden Jahren betreute Bonhoeffer eine deutsche Gemeinde in London, engagierte sich auf vielfältige Weise gegen die Einmischung des Staates in die Kirche und sorgte sich um die Opfer der nationalsozialistischen Rassenlehre. Unter anderem war er Gründungsmitglied der Bekennenden Kirche. Auf einer ökonomischen Tagung in Dänemark warnte er mit einer Friedensrede vor der aufkommenden Kriegsgefahr. Spätestens seit dieser Rede war er den Nationalsozialisten ein Dorn im Auge. Auf Bitten der Bekennenden Kirche leitete er ab 1936 ihr Predigerseminar, welches allerdings ein Jahr später verboten wurde. Bonhoeffer führte die Aufgabe nun im Geheimen fort. Im Anschluss zu einer kritischen Vorlesung an der Berliner Fakultät wurde ihm seine Lehrerlaubnis an Hochschulen aberkannt. Ein Angebot für eine Professur in den USA lehnte er ab. Er wollte in Deutschland persönlich vor Ort sein, um seinen Mitkämpfern in Deutschlands schwerster Stunde beizustehen. Das von ihm illegal betriebene Predigerseminar wurde von den Nationalsozialisten endgültig geschlossen und Bonhoeffer erhielt postum Rede- und Schreibverbot. Bedingt durch diese Vorkommnisse schlug er nun einen politischeren Weg ein. Er arbeitete aktiv als Widerstandskämpfer unter Admiral Canaris, der ihn dem Amt für Ausland/Abwehr im Oberkommando der Wehrmacht zuwies. Durch seine internationalen Kontakte sollte er dazu beitragen, das Ausland über die

---

[7] Vgl. http://gymnasium-blomberg.de/wp-content/uploads/2006/11/facharbeit-bonhoeffer.pdf, 16.Juli 2013, S.4f.

Widerstandstätigkeit in Deutschland zu informieren. Am 13. und 21. März 1943 verübten Angehörige der Widerstandsgruppe um Admiral Canaris zwei Anschläge auf Hitler. Sie schlugen beide fehl. Bonhoeffer war weder an der Ausführung noch an der Planung aktiv beteiligt. Trotzdem wurde er am 5. April 1943 unter Verdacht auf Zersetzung der Wehrkraft von der Gestapo verhaftet und trotz ergebnisloser Untersuchungen im Gefängnis Berlin-Tegel festgehalten.[8] Als man durch Nachforschungen aufgrund des Staufenberg-Attentats ein umfangreiches Anti-Hitler-Archiv fand, wurde sichtbar, dass auch Bonhoeffer durch seine intensiven Verflechtungen zu den Unruhestiftern gehörte.[9] Dies war der Grund für seine anschließende Verlegung in den Berliner Gestapobunker. Im Februar 1945 wurde er ins Konzentrationslager Buchenwald gebracht und am 9. April unmittelbar vor dem Einmarsch amerikanischer Truppen auf persönlichen Befehl Hitlers im Konzentrationslager Flossenbürg hingerichtet.[10, 11]

---

[8] Vgl. http://www.augustana.de/newsletter/Nummer5/BONHOEF.pdf, 16.Juli 2013, S.13f.
[9] Vgl. http://der-schwache-glaube.de/ueber-das-gedicht-wer-bin-ich.html, 23.Oktober 2011, 1.Absatz
[10] Vgl. http://www.helmholtz-bi.de/projekte/religion/Nationalsozialismus/html/ biografie_dietrich_bonhoeffers.HTM, 16.Juli 2013
[11] Vgl. http://www.onlinekunst.de/februar/04_02_Bonhoeffer.htm, 16.Juli 2013

Interpretation der Gedichtes „Wer bin ich?" von Dietrich Bonhoeffer

Auf Basis des angeeigneten Hintergrundwissens folgt eine Interpretation des Gedichtes „Wer bin ich?":

Das Gedicht setzt sich aus sechs Strophen unterschiedlicher Länge zusammen.[12] Die ersten drei Strophen haben jeweils vier Verse, die vierte elf, die fünfte sechs und die letzte zwei Verse. Das Gedicht weist, mit Ausnahme der sechsten Strophe, weder ein Reimschema noch ein Metrum auf. Dieses kaum dichterische Erscheinungsbild ist charakteristisch für moderne Lyrik, welche die Grenzen der klassischen Form überwinden und so einen eigenen Gestaltungsspielraum erschaffen will.[13]

Überschrift

Das Gedicht wird mit der schon im Titel gestellten Frage „[w]er bin ich?" (V.1) eingeleitet. Das lyrische Ich, welches Dietrich Bonhoeffer darstellt, fragt damit nach seiner eigenen Identität – Wer es wirklich sei.

In den ersten drei Strophen beschreibt Bonhoeffer, wie er von anderen Personen während seiner Gefängniszeit charakterisiert wird. Der erste Vers beginnt jeweils mit „[s]ie sagen mir" (V.1). Dabei stellt das „[s]ie" (V.1) die Personen dar, mit denen Bonhoeffer während seiner Gefangenschaft in Kontakt kam.

1. Strophe

In der ersten Strophe charakterisieren diese Leute sein Auftreten als „gelassen und heiter und fest" (V.3). Sie vergleichen seinen Schritt aus der Zelle mit dem eines Gutsherrn aus seinem Schloss. Es entsteht ein Kontrast zwischen der Freiheit, die letzterer genießt, und seiner eigenen Lage als Inhaftierter (vgl.V.2ff.). Bonhoeffer wird dementsprechend ein sehr souveränes und sicheres Auftreten zugeordnet. Dieses hat seinen Ursprung in seiner großbürgerlichen Familie, in der es stets darum ging Haltung zu bewahren und nichts nach

---

[12] Das Gedicht „Wer bin ich?" von Dietrich Bonhoeffer befindet sich im Anhang.
[13] Vgl. http://www.zum.de/Faecher/D/BW/gym/dautel/analyse/lyrik5.htm, 16.Juli 2013

außen dringen zu lassen.[14] Bonhoeffer trägt infolgedessen seine Ängste und Zweifel nicht vor sich her, sondern bewahrt diese im Verborgenen, was in der vierten Strophe sichtbar wird.

2. Strophe

Die zweite Strophe beleuchtet die Beziehung zu den Gefängnisangestellten näher. Bonhoeffer spricht zu diesen „frei und freundlich und klar" (V.8). Er tut dies so, „als hätte [er] zu gebieten" (V.9), als sei er der Befehlshaber. Die geringe Distanz zwischen Bonhoeffer und seinen Bewachern lässt den Schluss zu, dass Bonhoeffer ein besonderer Gefangener war. Dies wird auch daran sichtbar, dass er schon nach einen halben Jahr so gute Freunde unter den Wach- und Sanitätsmannschaften hatte, dass er einen normalerweise verbotenen Briefverkehr mit der Außenwelt beginnen konnte.[15]

3. Strophe

In der dritten Strophe wird näher auf Bonhoeffers Zukunft eingegangen. Laut seinen Bewachern „trüge er die Tage des Unglücks / gleichmütig, lächelnd und stolz" (V.12f.), wie einer der weiß, dass er schlussendlich doch gewinnen wird. Hier wird nochmals Bonhoeffers nach außen ausgestrahlte Stärke deutlich. Er selbst dagegen wusste, dass er in „der Abteilung für die schwersten Fälle untergebracht war, wo die zum Tode Verurteilten [...] lagen."[16] Demgemäß lässt sich vermuten, dass Bonhoeffers nach außen gestralte Stärke innerlich nicht vorhanden war.

Zusammenfassend beschreiben die ersten drei Strophen die Wirkung des lyrischen Ichs auf seine Umgebung.

4. Strophe

Mit der vierten Strophe geht ein Bruch einher: In ihr bekommt der Leser einen Einblick in die Gedanken des lyrischen Ichs und es wird deutlich, dass es sich selbst spiegelbildlich wahrnimmt. Der in den vorherigen Strophen dreimalig wiederholte Satzanfang „[s]ie sagen mir" (V.1) wird mit der Frage „[b]in ich das wirklich, was andere von mir sagen?" (V.16) wieder aufgegriffen. Dies verdeutlicht den Unterschied zwischen Eigen- und Fremdwahrnehmung.

---

[14] Vgl. http://www.predigten.de/predigt_pdf.php?id=7850, 23.Oktobr 2011, S.2
[15] Vgl. http://web.archive.org/web/20030207072945/http://www.joyma.com/bonhoeff.htm, 16.Juli 2013, Beginn 2.Absatz
[16] Dietrich Bonhoeffer: Haftbericht, 1.Absatz

Darüber hinaus macht auch die erneute Frage „[o]der bin ich nur das, was ich selbst von mir weiß?" (V.17) unmissverständlich klar, dass Bonhoeffer seine Situation, die er im Folgenden schildert, abweichend empfindet. Er vergleicht sich dabei mit einem Vogel im Käfig, der die Freiheit „sehnsüchtig" (V.18) erwartet. Diese wurde ihm allerdings genommen. Daher ist er „unruhig [...] und krank" (V.18). Darüber hinaus wird ihm wohl auch die alltägliche Gefahr eines Bombeneinschlags krank gemacht haben. Die Gefangenen waren diesem Risiko schutzlos ausgeliefert, da es für sie keinen Luftschutzbunker gab.[17] Die Einsamkeit fühlt sich für das lyrische Ich an, als ob ihm jemand die Luft abdrücken würde (vgl.V.19). Die Sehnsucht Bonhoeffers „nach Farben, nach Blumen, [und] nach Vogelstimmen" (V.20) resultiert aus der Tatsache, dass er als Gefangener weder Zugang zur Außenwelt und Natur, noch zu persönlichen sozialen Kontakt hatte. Da er ohne gute Worte und menschliche Nähe zu seiner Verlobten Maria von Wedemeyer, seiner Familie und seinen Freunden auskommen muss, wird er zu einem unglücklichen und reizbaren Menschen, der „vor Zorn über Willkür und kleinlichste Kränkung" (V.22) zittert. Der Willkür, der die Untersuchungshäftlinge ausgesetzt sind, beschreibt Bonhoeffer in seinem Haftbericht. Dort heißt es unter anderem, dass „praktisch für den Gefangenen keine Möglichkeit besteht, sich bei ungerechter Behandlung zu seinem Recht zu verhelfen."[18] Zu der Ratlosigkeit trägt auch die Ungewissheit über seine eigene Zukunft bei. Er hofft auf einen gelingenden Umsturz, muss aber trotzdem um Verrat und Entdeckung fürchten.[19]

Im achten Vers rückt sein Bangen „um Freunde in endloser Ferne" (V.24) in den Vordergrund. Viele seiner Freunde waren ebenfalls verhaftet.[20] Die Ahnungslosigkeit, was seine Zukunft anbelangt, die Hilflosigkeit und die fehlenden Chancen etwas zu verändern machen ihn „ohnmächtig" (V.24).

In den letzten beiden Versen der vierten Strophe findet nochmals eine Steigerung der Ausweglosigkeit statt. Die oben beschriebene Abgeschiedenheit von der Außenwelt macht den Sprecher „müde" (V.25) und raubt ihm sogar die Kraft sich geistigen Aktivitäten wie Beten und Denken zu widmen. In seinem Haftbericht beschreibt Bonhoeffer, dass viele „unter dem Mangel an Beschäftigung [...] besonders in langer Einzelhaft Schaden an Körper und Seele [er]leiden."[21] Er führt aus, dass die Haftbedingungen „innerlich sehr

---

[17] Vgl. http://der-schwache-glaube.de/ueber-das-gedicht-wer-bin-ich.html, 23.Oktober 2011, 1.Absatz
[18] Dietrich Bonhoeffer: Haftbericht, 1. Absatz
[19] Vgl. http://der-schwache-glaube.de/ueber-das-gedicht-wer-bin-ich.html, 23.Oktober 2011, 1.Absatz
[20] Ebd.
[21] Dietrich Bonhoeffer: Haftbericht, Ende Absatz „Von der Dummheit"

zermürbend"[22] sind und „Bitterkeit"[23] erzeugen. Bonhoeffer wirft die Frage auf, ob er „matt und bereit [ist], von allem Abschied zu nehmen" (V.26). Dies ist offensichtlich genau das Gegenteil von dem, was seine Umwelt von ihm denkt. Bonhoeffer ist in einer Situation, in der er seine eigene Schwäche und Unsicherheit erfährt.[24]

5. Strophe

In der nachfolgenden fünften Strophe stellt er sich nun die Frage, ob die äußere oder die eigene Wahrnehmung ihn charakterisiert. Die Strophe beginnt, wie die ersten drei, mit der Anapher „[w]er bin ich?" (V.28). Das lyrische Ich fragt sich allerdings nachfolgend, wer es nun letztlich sei, „[d]er oder jener?" (V.28). Man erkennt die innere Ratlosigkeit Bonhoeffers und seinen schmelzenden Lebenswillen. Er möchte wissen, ob er „heut dieser und morgen ein andrer" (V.29) sei oder sogar „beides zugleich" (V.30). Oder ist sein Auftreten sogar abhängig von der Zeit?

Des Weiteren fragt sich Bonhoeffer, ob seine Identität eventuell auch von seiner Umgebung abhängt, genauer gesagt, ob er „vor Menschen ein Heuchler / und vor [sich] selbst ein verächtlich wehleidiger Schwächling" (V.30f.) sei.

Die anschließende Frage beschäftigt sich damit, ob sein Inneres einem „geschlagenen Heer [gleicht], / das in Unordnung [...] vor schon gewonnen Sieg" (V.32f.) weicht. Hier wird sich auf den 2. Weltkrieg und den nach den Anfangserfolgen der deutschen Truppen schon gewonnen geglaubten Sieg bezogen. Im Juni 1944, der Zeit der Entstehung dieses Gedichtes, wurden diese immer weiter zurückgedrängt.

6. Strophe

In der letzten Strophe wird die Leitfrage des Gedichtes abermals wiederholt, bevor Bonhoeffer erkennt, dass „einsames Fragen [...] Spott" (V.35) mit ihm treibt. Er gelangt zu dem Schluss, dass sein Lebenssinn darin besteht, an Gott zu glauben. Er ist derjenige, der ihn besser als alle anderen Menschen kennt. Die Wichtigkeit dieser Erkenntnis wird durch den einzigen Reim des gesamten Textes sowie die Kürze der Strophe offensichtlich. Das Possessivpronomen „dein" (V.36) betont die Ehrfurcht und Demut gegenüber Gott. Beides spielt in diesem Gedicht eine zentrale Rolle, so wie es dies auch im Leben des Autors tat. Als

---

[22] Dietrich Bonhoeffer: Haftbericht, Ende Absatz „Licht"
[23] Ebd.
[24] Vgl. http://www.predigten.de/predigt_pdf.php?id=7850, 23.Oktober 2011, S.2

Bonhoeffer in Gefangenschaft war und zum Tode verurteilt wurde, war letztendlich sein Glaube der einzige Halt für ihn. Dieser ist darüber hinaus beispielhaft geworden. Ein ehemaliger Lagerarzt des KZ Flossenbürg berichtete später über Bonhoeffers Hinrichtung: Bonhoeffer habe ruhig und gesammelt gewirkt, sich von allen Mithäftlingen verabschiedet, an der Richtstätte ein kurzes Gebet gesprochen, sei gefasst zum Galgen gegangen und in wenigen Sekunden gestorben.[25] Trotz des Leids und der Angst, die er durchleben musste, hat Dietrich Bonhoeffer nie an Gott gezweifelt, ihn nicht in Frage gestellt. Ein in diesem Zusammenhang wohl zentraler und bekannter Text ist Bonhoeffers Gedicht „Von guten Mächten", welches er kurz vor seiner Ermordung schrieb. Es sollte als Weihnachtsgruß seiner Verlobten, seinen Eltern und seinen Geschwistern Mut machen, weiter für ihre Überzeugungen einzutreten.[26]

Abschließende Zusammenfassung

Zusammenfassend ist zu sagen, dass Bonhoeffers Haftsituation bei ihm, wie wohl auch bei vielen anderen Gefangenen, zu einer bohrenden Selbstbefragung führte. Bonhoeffer stellt im dem Gedicht das Bild, das andere von ihm haben, dem Bild gegenüber, das er selbst von sich hat.[27] Er verliert dabei aber keinesfalls seinen Glauben an den für ihn allmächtigen und liebenden Gott. Zwar war die Konstellation während des Dritten Reichs eine sehr besondere, allerdings finden auch heutzutage noch viele Menschen im Glauben an Gott oder eine andere höhere Macht Halt. Die Frage nach der eigenen Identität, nach Selbst- und Fremdwahrnehmung ist darüber hinaus auch noch heute besonders bei Jugendlichen aktuell.

---

[25] Vgl. Hermann Fischer-Hüllstrung: Bericht aus Flossenbürg, in: Wolf-Dieter Zimmermann: Begegnungen mit Dietrich Bonhoeffer, München 1964, S.192
[26] Vgl. Dietrich Bonhoeffer: Von guten Mächten
[27] Vgl. Christina Lange: Dietrich Bonhoeffer im Religionsunterricht, Kassel 2008, S.166ff.

Begründung Auswahl Gedicht

Die Gründe für die Wahl des Gedichtes „Wer bin ich?" von Dietrich Bonhoeffer werden abschließend dargestellt.

Den kirchlichen Widerstand im Nationalsozialismus habe ich ausgesucht, weil die Thematik, dass fast die gesamte deutsche Kirche das Nazi-Regime geduldet hat, sehr erschreckend ist. Gebote, wie Nächstenliebe, wurden millionenfach von Christen mit den Füßen getrampelt.

Den Autor Bonhoeffer habe ich ausgewählt, da diejenigen, die sich mit dem kirchlichen Widerstand zu besagter Zeit beschäftigen, einfach nicht an ihm vorbeikommen. Er war einer der ersten Christen, der den Arierparagraph[28] in Bezug auf die Kirche stark kritisierte.

Insbesondere ist es bemerkenswert, dass Bonhoeffer gerade wegen seines starken Glaubens, auch eine gewaltsame Entmachtung Hitlers befürwortet hat. Dies begründete er mit folgendem Gleichnis: „Wenn ein Betrunkener mit seinem Auto über den Kurfürstendamm rast und auf den Bürgersteig gerät, kann es doch nicht meine, des Pfarrers erste oder einzige Aufgabe sein, die Opfer des Wahnsinnigen zu beerdigen und die Angehörigen zu trösten, sondern dem Betrunkenen das Steuer zu entreißen."[29] Mich fasziniert diese persönlich vorgelebte Übereinstimmung von Glauben und Handeln. Beispielsweise nahm er auch das Angebot, bei der Essensausgabe größere Rationen zu bekommen, nicht an. Er bekam es als nach seiner Gefangennahme seine verwandtschaftlichen Verhältnisse bekannt wurden. Er lehnte es mit der Begründung ab, das seine größeren Portionen nur auf Kosten der Mitgefangenen gehen würden.[30] Schlussendlich opferte Bonhoeffer sein Leben für die Beendigung des Holocaust.

2.508 Wörter

---

[28] Ausschluss der Juden aus dem Beamtentum
[29] http://www.helmholtz-bi.de/projekte/religion/Nationalsozialismus/html/judenfrage.HTM, 16.Juli 2013, ab Überschrift „Ein Beispiel: Dietrich Bonhoeffer"
[30] Dietrich Bonhoeffer: Haftbericht, 1.Absatz

Literatur-/ Quellenverzeichnis

Primärliteratur

-   Bonhoeffer, Dietrich: Haftbericht
-   Bonhoeffer, Dietrich: Von guten Mächten
-   Bonhoeffer, Dietrich: Wer bin ich?
-   jeweils abrufbar unter

    http://web.archive.org/web/20030207072945/http://www.joyma.com/bonhoeff.htm

Sekundärliteratur

-   Fischer-Hüllstrung, Hermann: Bericht aus Flossenbürg, in: Zimmermann, Wolf-Dieter:
    Begegnungen mit Dietrich Bonhoeffer, München 1964
-   Lange, Christina: Dietrich Bonhoeffer im Religionsunterricht, Kassel 2008
-   Prolingheuer, Hans: Kleine politische Kirchengeschichte, Köln 1984

Internetquellen

-   http://der-schwache-glaube.de/ueber-das-gedicht-wer-bin-ich.html,
    23.Oktober 2011
-   http://gymnasium-blomberg.de/wp-content/uploads/2006/11/facharbeit-
    bonhoeffer.pdf, 16.Juli 2013
-   http://www.augustana.de/newsletter/Nummer5/BONHOEF.pdf, 16.Juli 2013
-   http://www.dhm.de/lemo/html/nazi/innenpolitik/kirchen/index.html, 16.Juli 2013
-   http://www.hausarbeiten.de/faecher/vorschau/106042.html, 16.Juli 2013
-   http://www.helmholtz-bi.de/projekte/religion/Nationalsozialismus/html/
    biografie_dietrich_bonhoeffers.HTM, 16.Juli 2013
-   http://www.onlinekunst.de/februar/04_02_Bonhoeffer.htm, 16.Juli 2013
-   http://www.predigten.de/predigt_pdf.php?id=7850, 21.Mai 2013
-   http://www.zum.de/Faecher/D/BW/gym/dautel/analyse/lyrik5.htm,
    16.Juli 2013

Anhang
Bonhoeffer, Dietrich: Wer bin ich?

Wer bin ich? Sie sagen mir oft,

ich träte aus meiner Zelle

gelassen und heiter und fest

wie ein Gutsherr aus seinem Schloß.

5

Wer bin ich? Sie sagen mir oft,

ich spräche mit meinen Bewachern

frei und freundlich und klar,

als hätte ich zu gebieten.

10

Wer bin ich? Sie sagen mir auch,

ich trüge die Tage des Unglücks

gleichmütig, lächelnd und stolz,

wie einer, der Siegen gewohnt ist.

15

Bin ich das wirklich, was andere von mir sagen?

Oder bin ich nur das, was ich selbst von mir weiß?

Unruhig, sehnsüchtig, krank, wie ein Vogel im Käfig,

ringend nach Lebensatem, als würgte mir einer die Kehle,

20 hungernd nach Farben, nach Blumen, nach Vogelstimmen,

dürstend nach guten Worten, nach menschlicher Nähe,

zitternd vor Zorn über Willkür und kleinlichste Kränkung,

umgetrieben vom Warten auf große Dinge,

ohnmächtig bangend um Freunde in endloser Ferne,

25 müde und leer zum Beten, zum Denken, zum Schaffen,

matt und bereit, von allem Abschied zu nehmen?

Wer bin ich? Der oder jener?

Bin ich denn heute dieser und morgen ein andrer?

30 Bin ich beides zugleich? Vor Menschen ein Heuchler

und vor mir selbst ein verächtlich wehleidiger Schwächling?

Oder gleicht, was in mir noch ist, dem geschlagenen Heer,

das in Unordnung weicht vor schon gewonnenem Sieg?

35 Wer bin ich? Einsames Fragen treibt mit mir Spott.

Wer ich auch bin, Du kennst mich, Dein bin ich, o Gott!

Juni 1944